Un ar[illegible] para papá

Camaleón

Un anuncio para papá

BRIGITTE PESKINE

Ilustraciones **JORDI VALBUENA**

Traducción **EMILIO MUÑIZ**

PLANETA & OXFORD

Título original: *Le petite annonce*
De Brigitte Peskine

Primera edición: marzo 2004
Segunda impresión: junio 2005
ISBN-13: 978-84-96336-18-6
ISBN-10: 84-96336-18-2
Depósito legal: M. 24.968-2005
Impreso por Lavel Industria Gráfica
Impreso en España – Printed in Spain

FICHA BIBLIOGRÁFICA

PESKINE, Brigitte
Un anuncio para papá, Brigitte Peskine ; ilustraciones de Jordi Valbuena – 2ª impresión – Barcelona: Planeta & Oxford, 2005. Encuadernación: rústica ; 112 págs. ; il. b/n ; 13 x 19,5 cm – (Camaleón. Serie azul ; 1. A partir de 10 años)
ISBN-13: 978-84-96336-18-6
ISBN-10: 84-96336-18-2
087.5: Literatura infantil y juvenil
821.133.1-3: Literatura francesa
Tratamiento: realismo. Tema: familia

No me gustan las vacaciones. Sobre todo las de verano, que son interminables, y más las de este año, porque el tercer trimestre ha sido tan corto que ni siquiera he tenido tiempo de aburrirme.

Casi todos mis compañeros se han ido ya y los padres de los alumnos no paran de murmurar que esto es un escándalo, que nuestro instituto no debería funcionar como un centro de exámenes para otros colegios y que no saben qué hacer con sus hijos durante estos dos meses y medio, aunque se las arreglan para librarse de ellos. Los abuelos, los amigos cuyas madres no trabajan, los curas del internado, los intercambios lingüísticos, las colonias de vacaciones y los campamentos de *scouts* son

otras posibilidades, pero les plantean la incomodidad de tener que elegir.

Yo me quedo en mi casa porque mi padre prefiere que no vaya a las de los amigos, ya que no puede devolverles la invitación. Nuestra casa es pequeña, sólo tiene un dormitorio y un comedor. Mi padre dice que es suficiente para los dos. Además, no es necesario tirarse dos horas haciendo la limpieza.

También puedo ir al pueblo, a casa de mis abuelos maternos, pero no me apetece nada dejar solo a papá. Además, no quiero tanto a mis abuelos.

En agosto iré a los Pirineos con mi padre, al apartamento que hemos alquilado en una estación de esquí. En verano tienen precios de oferta porque la gente no va a esquiar. Claro que la montaña es genial, incluso sin nieve. Haremos largas caminatas y papá estará simpático porque se sentirá feliz. Entre los Pirineos y él hay una gran historia de amor, aunque haya nacido en la meseta.

Todavía faltan seis largas semanas, pero estoy contento de que haga mal tiempo. Cuando el sol pega fuerte en la ciudad, yo me muero de calor.

Todos los años por estas fechas me digo a mí mismo:

—Adrián, tienes que pensar un proyecto para las vacaciones.

Lo malo es que nunca consigo que me salga bien. Una vez decidí empapelar el comedor, pero ¿cómo iba a colocar el papel pintado yo solo? Como ya había comprado los materiales, mi padre tuvo que ayudarme por las tardes, después del trabajo. Me di cuenta de que no estaba contento. Se cortó con la cuchilla, estropeó dos o tres rollos de papel y lo manchó todo de cola. En otra ocasión empecé la maqueta de un velero de tres mástiles. Eso fue demasiado duro y, sobre todo, necesité mucho más tiempo, aunque lo mío no era un problema de tiempo, sino de paciencia. A mí me gusta que las cosas vayan de prisa y a veces incluso sueño con un mago que cumple mis deseos con un golpe de varita mágica. Porque, eso sí, ideas no me faltan. Por ejemplo, para que mi cama no se hunda habría que clavar unos listones de un extremo al otro. Así se convertiría en un somier de lamas y ya no se separarían los largueros. Claro que habría que quitarle el somier que tiene ahora, tomar medidas, ir a una carpintería de las que sierran maderas a medida, comprar clavos, avisar a los vecinos de que voy a hacer ruido... O sea, que sigue siendo sólo una idea, lo mismo que la de cambiar las cortinas que han venido de la casa de mi abuela, las cuales detesto. O descongelar el frigorífico... O limpiar las placas de la cocina. O cambiar las ruedas de mi monopatín. O descoser los bajos de mis vaqueros y dejarlos así, deshilachados, modernos a tope. Con todo esto quiero decir que tengo ideas, pero acaban aburriéndome. Lo único que me gusta es tenerlas. Por eso no debería haberme metido nunca con lo de los modelos a escala, porque una maqueta cuesta bastante. Mi padre no dijo nada porque es buena persona y sabe que las vacaciones no son muy agradables para mí, pero yo no estaba demasiado orgulloso.

Si pudiera conseguir un trabajito... Claro que a los doce años nadie te quiere contratar. Me gustaría tener dinero sólo mío, ganado con mi trabajo. Iría a una tienda de deportes y compraría dos chándals, uno para mi padre y otro para mí. Verde oscuro y fucsia. El verano pasado, en la montaña, se veían por todas partes, combinaban con el azul de las gencianas. No hacía más que cruzarme con parejas, marido y mujer, que los llevaban iguales, y me pareció un detalle simpático.

A mi padre seguro que también le gustó, aunque no dijo nada cuando hice que reparara en ello. Siempre es muy discreto cuando se trata de parejas; bueno, también para todo lo demás.

Mi madre murió de una enfermedad cuando yo tenía ocho años. Mi padre nunca la pudo llevar a pasear por la montaña. Enfermó por mí, algo relacionado con la incompatibilidad de la sangre. Algo muy raro, porque mi sangre acabó envenenándola. En el momento en que se quedó embarazada de mí perdió la salud. Tardó años en morirse. En cuestiones de pareja, mi padre no ha tenido suerte.

Recuerdo a mi madre acostada y cansada. Al principio no sabía que yo tenía que ver con eso. Además, ni él ni ella querían que lo supiera por miedo a que me sintiera culpable. Pero mi padre me lo explicó todo, y el médico que atendía a mi madre, también, y ya sé que no tuve la culpa de nada. Se da un caso entre millones, según las estadísticas.

Los padres de mi madre no deben de haber recibido una explicación tan completa, porque me miran de una forma rara. Por eso no me gusta ir a su casa.

La madre de papá ha muerto y su padre vive en una residencia de jubilados donde sólo hay viejos. Está malhumorado todo el tiempo. Dice que mi padre es un mal hijo. Vamos a verlo una vez a la semana, los domingos, y luego comemos en un restaurante, para levantar el ánimo y también para librarnos del olor, que no se respira sino que se mastica y se te queda ahí en el estómago. Hay que comer platos muy sabrosos para que se quite.

Mi padre me crió él solo. También cuidó de mi madre. Y no tengo ningún hermano pequeño.

Si lo tuviera no me aburriría tanto los veranos.

Una vez fui de colonias organizadas por el Ayuntamiento. No me gustó nada, y eso que también era en la montaña. Lo que pasa es que me fastidia que me digan lo que tengo que hacer y que tengamos que hacerlo todos al mismo tiempo, como si fuéramos borregos. Había una chica que lloraba todas las tardes. Al principio la monitora era amable con ella, pero después se notaba que la niña la ponía nerviosa. Yo pensaba en mi padre, que estaría solo ante su plato. Nosotros comíamos en mesas largas y aunque había tanto ruido como si estuviéramos en una cantina, yo me sentía tan solo como él.

Las cosas no están preparadas para que los hombres críen solos a sus hijos pequeños y cuiden de sus mujeres que ni siquiera se pueden levantar de la cama para tomar el desayuno. Mi padre es tipógrafo diplomado. Claro que, desde que salió de la escuela técnica, su profesión ha cambiado totalmente debido a las nuevas máquinas. Los demás tipógrafos hicieron cursos de formación porque ahora la imprenta funciona por ordenador. Mi padre aprendió a componer con caracteres de plomo... Nunca pudo hacer un curso porque tenía que ocuparse de mi madre y de mí. Ahora, los jóvenes que buscan trabajo saben mucho más que él y eso hace que mi padre no tenga un sueldo muy alto. Yo le digo que podría ir a clases nocturnas o hacer algún cursillo, porque yo puedo arreglármelas solo, pero no quiere.

Se hizo maquetista y compone las páginas al mismo tiempo que hace el montaje. Le gusta tocar los objetos, la cola, las tijeras, y a pesar de los paneles luminosos y del papel milimetrado, sólo se fía de sus ojos para saber si un título está derecho y centrado, si el cuerpo del tipo elegido es el apropiado... Mi padre es un artista, pero muy pronto en las imprentas sólo habrá robots.

A pesar de las dificultades de su vida, mi padre no se ha vuelto un amargado, ni un hombre duro, ni gruñón. Es un hombre amable, un poco cansado, que no habla casi nunca. En el trabajo, las máquinas son ruidosas y nadie abre la boca para decir nada. En casa sólo me tiene a mí.

Por suerte yo hablo hasta por los codos.

Está claro que lo que necesitaría mi padre para volver a sentirse bien es una mujer.

Hace mucho tiempo que lo sé, pero hago como que no me doy cuenta. Yo no tengo realmente necesidad de una madre. Las madres, cuando tienes doce años, no hacen más que fastidiarte diciéndote que te limpies las orejas, que te sientes bien para comer y que hagas los deberes.

Es difícil encontrar una mujer para tu padre que no se vuelva una madrastra. Lo ideal sería alquilar una para las vacaciones, y luego, hasta la vista, hasta el año que viene.

Si mi padre tuviese una mujer, le compraría también un chándal verde oscuro y fucsia, y los tres nos iríamos a caminar por los Pirineos, haciendo juego con las gencianas.

Tendría que ser una mujer a la que le gustase la montaña. Y que además aguantase a los niños de doce años... Porque mi padre no me dejará jamás.

Lo que pasa es que mi padre es incapaz de encontrar una compañera. Si la tuviera, yo lo sabría.

Voy a tener que encargarme yo. Y éste será mi plan para el verano.

En los bajos de mi casa hay una pequeña papelería atendida por un matrimonio sin hijos que tiene un perrito. Por la mañana, alrededor de las seis, llegan juntos para colocar los periódicos en su sitio. Después el hombre se va y la mujer se queda hasta el mediodía. Entonces viene él para que ella pueda irse a almorzar. Hacia las cuatro de la tarde, ella se va; él se queda hasta las nueve de la noche. El único que está allí todo el día es el perrito.

Muchas veces los miro por la ventana. Ya sé a qué hora llegan los periódicos, reconozco a los repartidores, a los que pegan carteles, a las personas que limpian las fachadas del establecimiento. Dentro, el matrimonio ha montado un pequeño salón

con calefacción eléctrica, teléfono y hasta un televisor pequeñito, y todo en unos pocos metros cuadrados.

Conocen a todas las personas del barrio. A veces, cuando mi padre trabaja hasta tarde, a la hora de cerrar los ayudo a empaquetar las devoluciones que se llevarán al día siguiente por la mañana los repartidores, antes de abrir. Es una pasada lo que pesa el papel. Ellos me dan tebeos, o me llenan los bolsillos de chismes inútiles que los niños compran a la salida de la escuela, como los monstruos interespaciales.

Cuando no hay demasiados clientes me dejan hojear las revistas que me interesan, pero procuro no pegarme demasiado a ellos, porque parece que todo el mundo queda delante del establecimiento para conversar. Es el problema de las personas amables, que siempre están muy ocupadas. A veces sueño con que aparezca alguien que sea amable conmigo y seco con los demás. Claro que está mi padre, pero la vida lo destrozó y yo no he sido capaz todavía de arreglarlo.

He decidido sacarle información a la vendedora de periódicos, sólo para ver qué pasa.

Le pregunto, como quien no quiere la cosa, qué publicación de anuncios breves me recomienda.

—Depende... ¿Qué quieres vender? —me pregunta.

—Nada, no tengo nada para vender... es para... bueno... es para las vacaciones —digo tartamudeando.

Entonces se me complica la cosa: coche, barco, moto, lugar de vacaciones («¿No os ibais tú y tu padre a la montaña?», me suelta, y yo no digo nada), arreglos, mudanzas, astrología, santones, videntes, encuentros...

Disimulo y digo:

—Sí, esto es lo que busco, un periódico que lo tenga todo para que mi padre y yo podamos elegir.

—¡Pues tienes suerte, porque es gratuito!

Me enseña una caja de metal con montones de periódicos impresos en papel malo. Gratuitos y llenos de anuncios breves. Con ese botín me vuelvo a casa.

La página de «encuentros» es muy decepcionante. De entrada paso de las chicas demasiado jóvenes o de las mujeres muy viejas, y sobre todo dejo las solicitudes de «relaciones duraderas». Sólo quedan las que prometen miles de caricias seguramente repugnantes. Entre los hombres, hay dos clases, por lo que he podido ver. Están los acomplejados y los viciosos, aunque seguro que son muy parecidos.

Se trataría de que yo pudiera poner un anuncio por mi cuenta. «Hombre solo con hijo de doce años, amable pero un poco callado, busca mujer joven a la que le guste el verde y el fucsia con el fin de hacer caminatas por la montaña. Sólo mes de agosto. Interesadas escribir a la dirección indicada abajo.»

Lo cierto es que ese texto no encaja en la casilla que ellos ponen en la página cuatro del periódico. No me fío de las abreviaturas porque siempre son engañosas. En este proyecto especial no puedo equivocarme.

Escribo mi anuncio en una hoja en blanco y bajo otra vez al quiosco para comprar los sellos. Poner un anuncio no es gratis, y como no puedo hacer un cheque se me ha ocurrido la idea de pagar con sellos. Muy inteligente, ¿no?

Ahora es el marido el que me atiende. Seguro

que la mujer está almorzando. Se ve claro que le ha hablado de mí. Es curioso, yo creía que en un sitio tan pequeño lo único que hacían era tropezarse continuamente.

El hombre me dice amablemente que hay que tener cuidado con estos periódicos gratuitos, que cualquiera pone un anuncio, y que a veces son un timo.

—¿Así que es para buscar un lugar de veraneo? —Me dice que la hermana de su primo conoce a alguien que alquila una casita en el Pirineo.

Yo farfullo que no, que no es eso, que en realidad quiero darle una sorpresa a mi padre buscando a alguien para pintar el apartamento durante las vacaciones.

—¡Pensaba que ya lo habíais hecho hace dos años!

¡Hay que ver la memoria que tiene este tipo! ¡Seguro que lleva un fichero sobre todos los vecinos del barrio! Al final, viendo que no quiero decirle nada más, me regala un periódico de pago con anuncios clasificados por secciones, «seleccionados con esmero» (me pregunto a qué esmero se referirán), avisándome que se trata de gente seria, con oficina y todo, y que no se envía nada por correo sino que el mensaje se entrega en mano.

—De todos modos —dice—, yo no vendo los sellos solos, van con una tarjeta postal incluida.

Y ahí voy yo, con el anuncio en el bolsillo, camino de la oficina de anuncios clasificados.

Es una especie de tienda situada en una planta baja, con un escaparate tapado por una cortina de tiras blancas verticales. Un mostrador, una secretaria y el aire acondicionado que hace que el local sea un lugar frío y anónimo. Aunque, si los anuncios son «seleccionados», ¿qué más da?

Delante de mí, una señora se queja por un error, dice que su gato no es atigrado, sino manchado. ¡No me extraña que no lo haya encontrado! La secretaria, tranquila, muy tranquila, y paciente, muy paciente, le propone volver a poner gratis el anuncio corregido. Pero la señora dice que le han causado un gran perjuicio porque cuando salga el próximo número ya habrán pasado más de dos semanas desde que perdió a su gato, y cada día que pasa tiene menos posibilidades de encontrarlo. La

secretaria dice que siente no poder hacer otra cosa. La señora reclama una indemnización, pero la secretaria le contesta que eso es imposible.

Un siglo más tarde, me toca a mí. Le hago un guiño a la secretaria para indicarle que estoy de su parte y que la señora del gato es una pesada de armas tomar, pero la joven suspira suavemente y comenta, sin ironía:

—La soledad es un verdadero drama.

Esta frase me deja un poco intranquilo, porque he comprobado que las personas que quieren con locura a los animales no suelen querer mucho a las personas. Aunque quizá la compasión de la secretaria abarca todo lo que está vivo, incluidas las plantas. Dicen que para tener plantas bonitas hay que hablarles. En mi casa no tardarían nada en morirse.

Le entrego el texto de mi anuncio e insisto mucho en que no haya abreviaturas.

—No quiero una mujer con manchas... —bromeo.

Ella me sigue la corriente y además me muestra una sonrisa.

—Ni una tigresa, supongo.

A fuerza de leer tantos anuncios breves, y de hacer la selección, esta mujer tiene los ojos como rayos X. Es difícil andarse con tonterías con ella. Me pregunta si me envía mi padre y primero le digo que sí, después que no, y finalmente me callo.

No está nada mal esta mujer. No es de esas que van siempre maquilladas, enjoyadas y con tacones de aguja, que le darían miedo a mi padre, ni tampoco de las que tienen pinta aburrida, por las que no sentiría ninguna atracción. Lleva una especie de anillo en la mano izquierda, pero no tengo claro si es una alianza.

Creo que se ha dado cuenta de que le miro los dedos, porque esconde las manos bajo el mostrador.

—¿Están divorciados tus padres? —pregunta—. ¿Vas a pasar un mes entero solo con tu padre? ¿Es ése el motivo por el que buscas a alguien?

No acierta ni una, pero no pienso contarle mi vida.

—Yo también pasé por eso —suspira ella.

Después me pregunta cómo me llamo.

—Adrián —le digo.

—Yo soy María.

Nos decimos «¿cómo estás, Adrián?, ¿cómo estás, María?», aunque resulta un poco ridículo. Esto de sentir necesidad de relacionarse con todos los clientes que desfilan por aquí debe de ser también un drama de la soledad.

Como no digo nada, María me hace ver que puedo estropear mis vacaciones si la desconocida no me gusta. Le respondo que, de todas maneras, no me gustan tanto las vacaciones.

—¿Ni siquiera en la montaña?

—Bueno, en realidad es mi padre quien las disfruta de verdad... A mí, eso de caminar en silencio durante seis o siete horas...

—A ver, entonces —me dice sonriente—, ¿tú buscas una mujer para tu padre o alguien que hable contigo?

Eso no tiene ningún sentido y no tiene nada que ver con las caminatas a pie. Mi padre dice que en las alturas se respira peor y que por eso no hay que gastar las fuerzas hablando. Pero en la ciudad tampoco habla, aunque vivimos dos pisos por encima del nivel del mar.

La segunda objeción de María es más seria.

—Tu padre se va a quedar de piedra si una (o varias) señoras le escriben para concertar una cita... Porque, si lo he entendido bien, no sabe nada de tu iniciativa, ¿no es así?

—Le diré que respondía a una de esas cadenas de amistad, ya sabes, las cartas en las que se dice que si no se envían seis copias del texto a seis tontos más, el cielo se caerá sobre la cabeza del que no cumpla, lo mismo que la casa, y además empezará una guerra termonuclear.

En ese momento entra en el despacho un señor con la foto de un coche y se dirige a la secretaria como si la conociese de toda la vida, sin preocuparse por haberme cortado la palabra, porque para él yo no soy más que un niño.

—Vengo a poner el anuncio del Ford, ¿se acuerda?

Lo dice como si pensara que entre los tres millones de anuncios clasificados ella no hiciera otra cosa que pensar en su trasto oxidado.

Pero ella lo recuerda. Esta María es una auténtica profesional.

Llegan más clientes y nuestra pequeña conversación se queda a medias. María me promete que mi texto saldrá entero, es decir, con las menos abreviaturas posibles. Pago y salgo a la calle.

Está claro que como proyecto de vacaciones se me queda un poco pequeño. Esta vez he llevado a la práctica mi idea en un abrir y cerrar de ojos. Lo que pasa es que ya no me queda nada que hacer. Claro que, a partir de mañana, estaré pendiente del cartero. De todas maneras, no creo que eso vaya a llenar mis días. Tengo un velero de tres mástiles sin terminar encima del armario. Podría acabarlo.

Me aburro tanto que se me pasa la fecha de aparición del periódico. Me he dado cuenta de que cuantas menos cosas he de hacer, más me olvido de hacerlas. Es como si el ocio —y la televisión— me fueran volviendo tonto poco a poco.

Al día siguiente bajo hasta el quiosco, pero no

queda ni un solo ejemplar. Está bien, iré a la estación porque allí es donde hay más periódicos. Cuando echo a andar me tropiezo con el cartero, que acaba de hacer el reparto en los buzones. Por una corazonada abro el nuestro. ¡Milagro! ¡Una carta! ¡Una carta de mujer, estoy seguro! ¡Esas cosas se notan! Lo que significa que salió el anuncio. Ya no vale la pena ir hasta la estación, que está llena de mendigos siempre a punto de pelearse unos con otros.

Estoy demasiado impaciente para esperar al regreso de mi padre, así que salgo disparado hacia la imprenta con la preciosa carta. A él no le gusta que vaya, ya lo sé, porque aquello es una locura y viven en un estrés permanente, siempre hay alguien al teléfono tratando de explicarle a un cliente que su encargo sufrirá un retraso y que él no tiene la culpa, sino otra vez esas máquinas horribles, que cuanto más perfectas las hacen más frágiles son.

Mi padre hace lo que las máquinas no pueden hacer. Se dedica a los casos difíciles, a los cambios de última hora, a los caprichos de los clientes. Es bien cierto el dicho de que el ordenador no sustituirá nunca al ojo de un artista. Una página compuesta por mi padre se distingue de las demás por la armonía del conjunto, por la distribución de los blancos, por la elección de la tipografía. Cada una tiene su estilo, desde la Times con sus trazos gruesos y elegantes, hasta la Helvética, de palo seco...

Para llegar hasta la oficina de mi padre, una habitación grande con tableros luminosos por todas partes, hay que atravesar la sección de grabación de datos donde se mecanografían las columnas de texto que él recorta y pega. Escriben a toda velocidad sin apartar los ojos del borrador, como si sus dedos no les pertenecieran. Es algo mágico y también difícil porque están copiando hojas sucísimas, llenas de tachaduras, con añadidos mal fijados con cinta adhesiva y signos rarísimos por todas partes. Es el tecleo por kilómetro, que quiere decir que durante todo el día están viendo pasar por su pantalla kilómetros de palabras. Fotocopian las tiras de texto y las envían a otra sección para que las lean otra vez, por lo de las faltas ortográficas. No me explico cómo se pueden concentrar los correctores entre tanto lío. Además, eso debe de ser malo para la vista. Hay uno que no hace más que ponerse gotas en los ojos. Una vez vi cómo le llamaban la atención por no ir más de prisa. Dijo que estaba a punto de quedarse ciego. Mi padre no supo decirme si eso era cierto o no. En resumen, hay un ruido permanente, mucho nerviosismo, y mi padre no quiere que venga a entretenerle, como él dice. Pero sabe muy bien que en el verano yo no tengo nada que hacer.

Cuando entro en el «estudio», mi padre está tratando de pegar una línea de corrección sobre una columna de texto. Hace marcas con un lápiz azul que no se ve en las pruebas, porque la impresión se hace con las películas de las páginas que monta mi padre o que salen directamente de la impresora.

Está inclinado ante el tablero. Ahí tiene un tubo de pegamento, reglas graduadas y una cuchilla. La corrección ha de quedar completamente horizontal, si no se ve en seguida, pero mi padre tiene el compás en la vista, lo mismo que otros tienen un oído perfecto.

Casi no le doy tiempo a levantarse antes de enseñarle la carta. Parpadea como si le costase reco-

nocerme. Le cuento la historia de la cadena de la amistad y le digo que si no responde perderá el trabajo y empezará la tercera guerra mundial. Mejor ir a por todas, ¿o no?

Otro padre preguntaría «Pero ¿qué historia es ésta?», pero el mío ni siquiera abre la boca. Echa un vistazo rápido a la carta y se la mete en el bolsillo.

—¿La puedo leer? —pregunto.

Niega con la cabeza y con la mano me pide que me vaya. Luego cambia de actitud, me da algo de dinero y me dice que por qué no me voy al cine.

Peor para él porque leeré la carta esta tarde, cuando se quite la chaqueta.

Voy a ver una película que no vale nada, llena de extraterrestres que caen del cielo. No sé por qué voy a ver esos bodrios que no me gustan nada. Es como si no me atreviese a ir a ver las películas que me gustan. Los buenos cines tienen algo de club cerrado, selecto, especialmente por la tarde: las personas van solas, entran después de la publicidad, con gesto goloso, como si fueran a comerse un cucurucho doble de helado de chocolate y pistacho. Es la película lo que les hace la boca agua, y experimentan por adelantado un placer egoísta que me llena de envidia. También me corta un poco el miedo a no entender lo que vea, a no poder disfrutarlo todo. Me falta cultura. Así que en el último momento cambio de cola y pido una entrada para una tontería fantástica que odio.

Por suerte me encuentro con un compañero del colegio, Bruno, y armamos bulla haciendo «uuuh, uuuh» en las escenas que se supone que son de miedo. La verdad es que las películas de horror son supercómicas si se ven en grupo.

Bruno se aburre tanto como yo. No ha podido ir de colonias porque sus padres, que no viven en la misma casa, no se ponían de acuerdo con las fechas, y cuando lo hicieron ya era demasiado tarde. Para compensarlo, su padre por un lado y su madre por el otro, le han dado un montón de dinero, pero ir al cine solo, comerse después una hamburguesa solo, y rematar con un polo, no es lo mejor del mundo.

Yo nunca había tenido mucha relación con Bruno porque no estábamos en la misma clase y no jugábamos al fútbol el mismo día. Además, yo pensaba que él salía con Marina, una especie de provocadora que se divierte machacando a los chicos, y para mí, los niños de mi edad que salen con chicas son unos inútiles. Claro que yo estaba equivocado, porque Bruno no salía con Marina. Ella era sólo una amiguita de su hermana. Me lo ha explicado mientras nos tomábamos un batido de chocolate y hemos decidido hacernos amigos. Por lo menos durante el mes de julio.

Le he dicho que podríamos montar un plan de acción. Un día vamos a la piscina y al día siguiente al cine, y así sucesivamente. La verdad es que no hay otra cosa que hacer, aparte de ver la tele o recorrer las aceras con el monopatín, pero siempre hay viejecitas que nos gruñen. Pasamos de los museos y de los parques públicos porque, por más que sean gratuitos, no nos gustan nada.

Cuando he llegado a casa, he pensado que había pasado un buen día gracias a la carta, la visita a la imprenta, la película, Bruno, el batido... Si pudiera, guardaría algo para los demás días, para compensar.

Por la tarde, mi padre ha llegado temprano del trabajo y he notado que quería decirme algo, pero que no acababa de atreverse. Le he preguntado si iba a responder a la carta y me ha mirado asombrado.

—Sí, ya sabes, la cadena de amistad y todo eso... —he insistido.

Ha hecho un gesto vago y se le ha caído al suelo el queso de cabra. No es la primera vez, porque nuestra tabla para quesos es una tablilla deformada por los continuos lavados. Por eso hace mucho tiempo que he bautizado a los cilindros de queso de cabra «corre-corre», pues no pasan mucho tiempo en la tabla. Nunca se nos ha ocurrido comprar un nuevo plato para quesos.

Mi padre recoge el queso y se corta un trozo que pone sobre una rebanada de pan. Cuando se levanta para ir a por la fruta, meto la mano en el bolsillo de su chaqueta, pero compruebo que la carta ya no está ahí.

Después de lavar los platos, me ha preguntado si me aburría mucho. Si no querría ir de colonias.

—Ya es demasiado tarde —le he dicho—. Mira lo que le ha pasado a Bruno, mi compañero...

Ha hecho un gesto, como diciendo «está bien, ya me has contado la historia». Cosa que es cierta.

Me ha soltado que ha sido egoísta, que no tiene sentido tener a un niño de doce años metido en la ciudad sin nada que hacer, y ha nombrado a mis abuelos maternos.

—Ni hablar —he gritado.

Entonces ha sacado el tablero de ajedrez.

Me gusta mucho jugar al ajedrez con mi padre porque no es necesario hablar. Cuando mi madre estaba enferma, jugábamos sentados en su cama. Eso la ponía contenta porque veía que hacíamos algo juntos. Dondequiera que esté ahora, pienso que se alegrará de ver que seguimos haciéndolo.

Ha llegado otra carta, y después otra más. He deducido de eso que él respondió. Hay que ser muy raro para escribirle tres veces a un hombre que no da señales de vida.

Sin embargo, no me ha dicho nada del asunto. Yo no he encontrado las cartas por ningún lado y le he empezado a darle vueltas al asunto. Tengo miedo de que la mujer —o las mujeres— lo quieran a él, pero no a mí. Si no, ya me hubiera hablado de ello, ¿o no?

Un día, como Bruno no podía ir a la piscina porque tenía sinusitis, volví a la oficina de anuncios clasificados.

María estaba explicándole a una señora muy elegante que la ropa usada se vendía muy mal. La señora quería liquidar todo su guardarropa porque había adelgazado.

—¿Y si vuelve a engordar? —preguntó María.

La señora respondió que con el régimen de «Como en casa», de *La Revista de la Mujer del Futuro,* no se volvía a ganar peso.

Finalmente, la señora rebajó a la mitad la cantidad que pedía por sus trapitos.

—¡Adrián! —dijo María.

Tenía una memoria de acero, además de unos ojos con rayos X.

Yo me acordaba de su nombre, pero me limité a murmurar un «Buenos días, señora». No parecía muy contenta de verme. Apiló los últimos números del periódico y los hizo desaparecer tras el mostrador. Me pregunté si no se habría olvidado de insertar el anuncio... ¡Imposible! ¡Habían llegado cartas!

—¿Y qué? ¿Has encontrado por fin tu perla rara? —me preguntó.

No me gustó la expresión porque me pareció un poco irónica. Incluso despectiva, como si me estuviera diciendo: «Los niños no deben meterse en los asuntos de las personas mayores...».

Respondí que no sabía, porque mi padre no me decía nada, pero tenía sospechas de que sí porque un día lo había oído silbar en la ducha. No había sido mucho, pero sí lo suficiente. También se había comprado un par de zapatos nuevos y respondía a algunas de mis preguntas.

—Sin duda es alentador... —dijo ella—. Creo que no vale la pena insertar el anuncio en la próxima edición.

Pero yo no pensaba lo mismo. Saqué del bolsillo un papel con un nuevo texto que había preparado para acelerar las cosas. Si dejaba que mi padre se las arreglase solo, seguiríamos igual de aquí a tres años.

«Mujer joven a la que le gusten los colores verde y fucsia, por favor preséntese el martes a las seis de la tarde en la puerta de la imprenta Dulac para encuentro con hombre amable, pero tímido.»

María leyó el anuncio y sonrió.

—¿Y cómo se reconocerán? —preguntó.

Me quedé pensativo. Tal vez por los colores... Si pudiera encontrar, no ya un chándal completo, sino una sudadera o un chubasquero verde y fucsia para mi padre... La mujer se vestiría del mismo modo y se reconocerían a la fuerza, ya que se parecerían a las parejas del verano pasado que paseaban por la montaña.

—¿Tienes dinero para comprar esa ropa?

Mi paga del mes... Iría menos a la piscina, me olvidaría del cine y para almorzar comería los congelados que se cubren de escarcha desde hace siglos en el congelador...

—Sólo me quedan tres semanas —respondí—. ¡Tengo que actuar con rapidez!

Ella me aceptó el anuncio sin cobrarme nada, con el pretexto de que tenía derecho a varias inserciones.

—Habitualmente —me dijo— insertamos el mismo texto tres semanas seguidas, pero en tu caso haré una excepción.

Recorrí la ciudad entera con Bruno buscando una sudadera verde y fucsia. En todas partes me dijeron lo mismo, que había pasado de moda. Este verano se llevaba el amarillo y el violeta.

Al ver mi decepción, Bruno me propuso que echásemos una ojeada al armario de su hermana.

Yo nunca había registrado las cosas de una mujer. Me sentía cortado, pero Bruno parecía acostumbrado. Es normal cuando se tiene una hermana mayor. Y una madre. Yo hacía el menor ruido posible porque tenía miedo de que me descubrieran.

No había nada de colores. Por lo visto a las chicas sólo les gusta el negro, tanto en invierno como en verano, porque las hace parecer más delgadas.

Salimos del apartamento con las manos vacías, pero en ese momento mi compañero tuvo una idea. En el mismo rellano de la escalera vivía un monitor de educación física al que conocía muy bien y que a lo mejor podría sacarnos del apuro. ¡Y eso sí que fue un milagro! No sólo estaba en casa, sino que tenía un chándal verde oscuro y fucsia, de nailon ligero, que era perfecto. No quería vendérmelo, pero aceptó prestármelo para las vacaciones.

Le prometí devolvérselo impecable junto con una caja de galletas típicas de la zona.

Convencer a mi padre de que se pusiera la sudadera para ir a trabajar fue menos difícil de lo que esperaba. El día anterior, envolví el conjunto en un bonito papel de regalo y se lo di la víspera de la cita, como si fuera un «regalo del Día del Padre con retraso».

—Era la semana de la evaluación de mi clase, si te acuerdas, y no tenía la cabeza para nada...

Él recordaba bien el mes de marzo porque yo tenía miedo de suspender el curso. Sin embargo, mis notas no eran tan malas. De todos modos, el jefe de estudios había citado a los padres para explicarles que era importante que los alumnos se sintieran apoyados en sus casas, «acompañados» (ésa era su palabra favorita), y yo no veía quién me iba a acompañar. Claro que no debía de ser tan importante, porque pude pasar de curso.

En resumen, el Día del Padre yo había preparado un almuerzo un poco más elaborado, con un estofado congelado que sólo había que calentar en el horno. Mi padre y yo pensamos que estas fiestas, y sobre todo el Día de la Madre, sólo sirven para que la gente se gaste el dinero comprando. Pero ¿cómo ignorarlo? Desde la guardería me han enseñado a celebrar el gran día con un cuadro hecho con fideos o con un cenicero de terracota.

Mi padre aceptó su regalo tardío con una sonrisa de felicidad. Habría querido decirme algo, estoy seguro, pero por la falta de costumbre se le

atragantaron las palabras. Me abrazó y me acarició la cabeza. Olía a pegamento, metal y sudor. Un estupendo olor a padre.

Consiguió farfullar que los colores le traían buenos recuerdos y anunciaban nuestras vacaciones, ya próximas, en la montaña. Bueno, tal vez esto lo dijera yo y él asintiera con la cabeza.

El tiempo estaba de mi parte, pues desde principios del verano no dejaba de llover. De modo que mi padre se fue hacia la imprenta, el martes por la mañana, con su chaqueta de chándal verde oscuro y fucsia. Y yo me quedé tan contento.

Y mucho más contento me puse todavía al comprobar que ese día llegó tarde a casa.

Había dejado de recibir cartas, pero su humor mejoraba cada día. Se ponía su chaqueta todos los días, incluso cuando el tiempo mejoró, y llegaba cada vez más tarde a casa.

—Qué bien que hagas todas estas horas extras antes de las vacaciones —me atreví a decirle un día—. ¡Te vas a hacer rico!

Él no dijo que no y nombró un encargo de folletos del Ministerio de Educación.

—Tienen que estar listos antes del comienzo del curso y como muchos compañeros se han ido de vacaciones, las jornadas son interminables... —respondió suspirando.

Tenía su aspecto serio y franco de siempre, y por un momento tuve miedo de que estuviera diciendo la verdad.

Sin embargo, por la noche, despierto en mi cama, pensaba que mi padre salía con una mujer y que la había encontrado gracias a mí. Le ponía las facciones de María, o las de mi profesora de inglés, y a veces las de mi madre. Pero no demasiado a menudo, porque sólo recuerdo a mi madre con aspecto enfermizo.

De todas maneras, yo estaba intranquilo. Era muy raro que no me hablara de ello. Tenía miedo de que la mujer no me quisiera, o de que mi padre no fuera lo suficientemente abierto con ella. Esto de las mujeres es como la conversación, cuando se pierde la costumbre...

Yo habría abierto las cartas con vapor, como en las películas —claro que con los sobres autoadhesivos eso ya no funciona—, pero ya no había cartas. Y mi padre seguía llegando tarde a casa.

Una tarde, a la hora del cierre, me planté cerca de la reja de la imprenta y no vi salir a mi padre. ¿Estaría realmente haciendo horas extra para el ministerio?

Cuando volví a casa, mi padre ya había llegado y estaba preocupado por mi ausencia. Me dijo que había salido antes del trabajo para entregar un encargo urgente. Eso me hizo pensar que en realidad yo no sabía nada de la vida de mi padre. Nada de cómo empleaba el tiempo. A lo mejor tenía una amante desde hacía años. Hasta puede que tuviera hijos con otra a los que sí hablaba.

No quise cenar y salí a dar una vuelta lleno de una rabia inexplicable. Lo había manipulado todo y ahora todo se me iba de las manos.

Cuando volví a casa, tenía la comida en la mesa. Mi padre la había cubierto con una tapadera para que no se enfriara. Me pareció una tontería, porque en verano todo el mundo quiere los platos fríos. Él estaba viendo una película en la televisión, pero al verme dejó de hacerlo. La chaqueta verde y violeta combinaba con el tapizado del sillón. Dije que no tenía hambre porque no soporto que me miren cuando como.

Volví a la oficina de anuncios clasificados. Después de todo, tenía derecho a tres inserciones, ¿no? María estaba de vacaciones y la reemplazaba un estudiante hasta el mes de septiembre. Saqué el texto que había escrito: «Mujer de rosa y verde, presentarse el jueves por la tarde en la dirección que se indica. El hombre tímido quiere presentarle a su hijo para la aprobación definitiva».

Cogió el papel, contó las palabras y me dijo cuánto me costaba. No quiso saber nada de las tres inserciones consecutivas.

—Es un anuncio nuevo —me dijo— y debes pagar la tarifa normal.

No me alcanzaba el dinero. Se lo podía pedir prestado a Bruno, pero me fastidiaba tener que decirle para qué. Entró una señora con el periódico en una mano y su anuncio en la otra. Mientras ella pagaba, yo me puse a hojear el periódico. Una vez, dos veces... ¡Mi último mensaje no estaba publicado! ¡María se había burlado de mí! ¡Mi padre no encontraba mujer! ¡No hacía más que trabajar, una tarde tras otra, para ese maldito ministerio!

El estudiante me preguntó qué había decidido.

—¡Lo único que os interesa es la pasta! —grité—. ¡Ni siquiera insertáis los anuncios!

La señora se quedó de una pieza, pidió explicaciones, exigió que le devolviesen su dinero. Yo no dejaba de gritar a voz en cuello. El estudiante, aterrorizado por la idea de perder su empleo, telefoneó a su jefe. ¡Menuda la que armé! Pero eso no me consoló. Salí dando un portazo.

Volví a casa y puse la música a todo volumen para no poder pensar en nada. De no haber sido un niño de doce años habría llorado. Bueno, la verdad es que lloré.

Mi padre volvió tarde a casa y yo no había preparado nada de comer. Fuimos a una pizzería, como si hubiéramos estado de visita en la residencia donde vive mi abuelo. Yo me sentía tan mal como si lo hubiéramos hecho realmente. Mi padre me preguntó qué me pasaba y le dije que me había peleado con Bruno.

Tras un largo silencio, me aconsejó que fuera más sociable si no quería convertirme en un hurón como él. Después siguió hablándome de mamá. Yo no estoy acostumbrado a que me hablen mientras como, por eso tuve que ir al lavabo a vomitar la pizza. Cuando volví, mi padre tenía la cara gris y triste de los días malos.

Me desperté en medio de la noche; había luz en el salón. Mi padre escribía una carta. Esperé a que se durmiera y revolví por todas partes hasta que por fin, debajo de sus calzoncillos, encontré un paquete de sobres. Me fui con mi botín al baño y allí me puse a leer.

Efectivamente, había una mujer. Se llamaba Beatriz. Yo era el problema, lo mismo que sus propios hijos. Dos niñas a las que no se atrevía a contar nada porque habían aceptado muy mal a la nueva novia de su padre. Es decir, que Beatriz es-

taba divorciada. Comprendía que mi padre esperase al momento adecuado para hablarme del tema porque yo era inaccesible, imprevisible, y estaba muy apegado a mi pobre madre.

Aquello era lo que mi padre pensaba de su hijo. ¿Cómo se atrevía a hablar de mí con esa extraña? Y encima mira qué retrato de mí le pintaba... Me conocía muy poco porque durante mucho tiempo sólo habíamos compartido el silencio. Un silencio que se había plantado como un muro entre los dos.

Claro que, además de tristeza, de decepción, sentía otras cosas después de haber descubierto a Beatriz y a sus dos hijas: celos. Sentía incluso rabia, porque mi padre era mío y no de esa mujer. Nada menos que una divorciada, lo que quería decir que tenía mal carácter.

Leí con nervios y disgusto las demás cartas, que me demostraron que se habían encontrado muchas veces. Se sentían atraídos el uno por el otro. Yo estaba tan impresionado que temblaba. De pronto encontré un pasaje que me dejó pasmado.

«Adrián fue quien dio el primer paso para esta relación —escribía la mujer—, por eso hay que decirle la verdad. María está de acuerdo conmigo. No cabe duda de que él no midió todas las implicaciones de su decisión. Sin embargo, él ha sido el primero que ha sentido la necesidad de una nueva madre.»

¡MENTIRA! ¡MENTIRA! ¡Yo sólo había pensado que estaría bien ver a mi padre pasear por la montaña con una mujer vestida como él! ¿Y María? ¿Qué pintaba María en todo esto? ¿Era la María del periódico? ¿La que me había engañado no insertando mis anuncios? ¿Había un complot a mi alrededor?

Estaba que hervía de la rabia y sin embargo tenía los pies helados. Me daban ganas de tirar las cartas por el retrete. Claro que mi padre las habría echado de menos, y entonces tendríamos que hablar. Mi padre no era el único que evitaba las discusiones. Yo también temía salir de nuestras frases hechas, de nuestra vida diaria.

¿Por qué no me habría conformado yo con nuestra vida tranquila, con mis ganas de hablar y su silencio, por qué había tenido que estropearlo todo con esa tontería de los anuncios clasificados?

La última carta era la que mi padre había escrito esa misma noche. Despegué con mucho cuidado la solapa autoadhesiva y me impresionó reconocer su escritura, porque mi padre tiene la letra más bonita del mundo. Es su lado artístico, de no haber sido tipógrafo podría haber sido pintor o grafista.

Yo estaba desanimado, triste, pero me hice el duro. Me había traicionado y yo no se lo iba a perdonar jamás.

En la carta, se despedía de ella porque se había dado cuenta de que Adrián —yo— no estaba todavía preparado para un cambio de vida tan radical. Lo sentía, pero su hijo —yo— estaba por encima de todo. Sabía que ella lo comprendería, etc. Le pedía que renunciase a sus vacaciones en los Pirineos puesto que no era ni el lugar ni el momento de reunir a ambas familias...

Tendría que haberme dado por satisfecho porque me había librado de lo peor.

Pero la tristeza y la rabia me cegaban. Puse las cartas en su sitio y me metí en la cama castañeteando los dientes.

Había un detalle que me molestaba mucho. ¡Habían pensado, sin preguntarme nada, en hacerme pasar todo el verano junto a las niñas! Seguro que se esperaban que yo las cuidase mientras ellos se dedicaban a retozar entre los árboles.

Al día siguiente, cuando mi padre se fue a trabajar fingí que dormía. Después de todo, estaba de vacaciones.

Había quedado a las diez con Bruno para ir a la piscina. Estaba a punto de telefonearlo para decirle que no iba cuando llamaron a la puerta. Colgué en seguida. Era María.

No tendría que haberla dejado entrar, porque me había engañado con los anuncios. Pero quería saber qué relación tenía con Beatriz la chupasangre.

Miró atentamente la habitación entera. Fijándose en el viejo sofá donde duerme mi padre, en la mesita redonda donde comemos, en el armario con la pintura resquebrajada, en la puerta de la minúscula cocina, donde el fregadero está siempre hasta arriba de platos.

—¿Ahí duermes tú? —preguntó.

Cuando murió mi madre, mi padre me cedió la antigua habitación de matrimonio. Sólo habíamos cambiado la cama y yo no quise poner otro papel ni quitar la lámpara. En esa habitación se habían amado mis padres, me habían concebido y mi madre había caído enferma. Me encanta esta habitación de colores apagados, con el techo oscurecido por la calefacción central. En ella me siento más en casa que en el resto del piso.

—No —respondí.

Por fin, María me miró fijamente.

—Ayer pasaste por la oficina...

—¡Me has tomado el pelo! ¡Nunca publicaste mis anuncios! ¡Devuélveme mi dinero! —grité.

Ella bajó la mirada con aire culpable. «Por lo menos reconoce la verdad», pensé.

María se sentó y me habló con una voz grave, con los ojos clavados en la puerta que tenía enfrente. Mi mensaje, me dijo, la había emocionado y sorprendido a la vez. Un niño que busca una mujer para su padre... Pero me olvidaba de una cosa, y era que podía responder todo tipo de personas alentadas por toda clase de intenciones... ¿Qué diría mi padre? ¿Era tal vez un hombre severo, y me castigaría por haber tenido esta idea tan traviesa? O aún peor, podía ser que se tratase de un hombre pasivo y débil, que cayera en la primera trampa que le tendiese una chica sin escrúpulos.

—¿Quién sufriría, entonces? Tú, seguramente, Adrián...

¿Y ella por qué se entrometía? Le pagaban para que insertara anuncios, no para leerlos y seleccionarlos sin siquiera avisar a los clientes.

Como yo no decía nada y estaba enfadado y con mala cara, ella empezó a contarme su vida, el divorcio de sus padres, la boda de su madre con un señor al que no quería...

—¡Lo mío era sólo para las vacaciones! —protesté—. ¡Para ir a la montaña! Porque... porque...

No sabía cómo seguir. ¿Por culpa de los chándals a juego? Estaba claro que no lo había pensado bien. Por primera vez no le había dado largas a una cosa. En cuanto se me ocurrió la idea, se convirtió en un plan y en seguida en algo concreto. A lo mejor no es tan bueno pasar tan rápido de la idea a la acción.

Si lo hubiera pensado un poco, habría comprendido que era imposible meter a una mujer en un minúsculo refugio de montaña con mi padre y conmigo. ¿Dónde dormiría ella?

Por otro lado, mi padre y yo juntos, completamente solos, de la mañana a la tarde, en el silencio de los Pirineos, sin que se decida a decirme ni una sola palabra... No me sentía capaz de soportarlo un año más.

Estaba a punto de echarme a llorar.

—Vete, por favor —le pedí a María.

Ella se puso en pie, quiso decir algo, pero se arrepintió y se dirigió hacia la puerta.

Me dije a mí mismo que mi madre, al morir, me había condenado a la soledad eterna. No podía quedarme igual, tenía que reaccionar, tenía que empezar otra vez mi plan interrumpido: piscina con Bruno, monopatín, cine.

—Adrián —oí que me decía—, no inserté tu anuncio, pero enseñé tu mensaje a mi mejor amiga. Tenía que decírtelo... Una mujer estupenda... Que trabaja en lo mismo que tu padre... Se me ocurrió que...

¡Claro! ¡Su amiguita Beatriz! ¡María tendría que haber sido casamentera y no secretaria en un periódico! Además ¿quién me aseguraba que Beatriz era la única que sabía el secreto? Seguro que había pinchado el anuncio en un tablero de corcho, como el de la piscina, donde se anuncian sillones de segunda mano o cursos de inglés.

De repente me di cuenta de que estaba haciendo el ridículo. ¿No había pagado yo mismo para que se publicase el anuncio? Ya no entendía nada de lo que estaba pasando.

—Vete, por favor —repetí.

—Beatriz ha coincidido con tu padre. Se quieren, pero eso no significa que vayan a pasar juntos el resto de su vida. ¿Seguro que no te gustaría conocerla? Yo le hablé de ti, y ella...

—¡VETE!

Me hizo caso. Mi corazón latía con tanta fuerza que me daba miedo. «Le he hablado de ti...» ¿Con qué derecho se metía esta mujer en nuestras cosas?

Todo era culpa mía. Esta historia del anuncio no podía salir bien. ¿Cómo podía haber hecho tanto el idiota? Entré en aquella oficina sin pensar en las consecuencias. ¿Sabía, por lo menos, lo que buscaba? Poner en marcha el proyecto del verano, que era buscar una mujer para mi padre... ¡Magnífico! Me daba vergüenza ser tan tonto, tan infantil. Estaba tan enfadado conmigo mismo que me hubiera dado de tortas. Ahora que había caído en la trampa no sabía cómo enfrentarme a mi padre. Aunque con él era suficiente estar callado. Los dos habíamos aceptado ese jueguecito.

Fui a ver una vieja película en blanco y negro. Trataba de un tipo que se presentaba como el Destino y no sonaba ridículo. Por supuesto, era una historia de amor —todas las películas son historias de amor— entre un hombre y una mujer que no tienen hijos. Y que no los van a tener jamás, aunque estén juntos, porque eso mataría su amor. Me digo a mí mismo que es un verdadero milagro que la población siga creciendo.

Yo era el único adolescente de la sala y tuve la sensación de que formaba parte del club. Eso de formar parte de algo me tranquilizó un poco. Hubiera deseado huir y no volver jamás para que mi padre no me pudiera preguntar por qué había querido insertar ese anuncio. Para que no me dijese: «¿Tanto te aburres conmigo, Adrián?». Yo podría ser hipócrita y responder, apartando la mirada: «No, en realidad me daba miedo que tú te aburrieras conmigo». Claro que nunca me haría esa pregunta. ¿Por qué molestarme entonces preparando una respuesta? Si escribiésemos todos los diálogos que nunca hemos tenido después de la muerte de mamá, se llenarían muchas páginas...

«Además —me dije—, así está bien.» La gente siempre habla demasiado, sobre todo las mujeres. Por ejemplo María, que ha creído que tenía que contarle nuestra historia a su amiguita y quizá a montones de personas.

Volví a casa lentamente, entreteniéndome por las calles. En las terrazas de los cafés había parejas jóvenes y no tan jóvenes, muchos extranjeros en pantalón corto y zapatillas deportivas... Pensé en la pareja que formaba con mi padre; en la que formaría unos días más tarde en los Pirineos. Quería convencerme de que no tenía de qué quejarme. La señora que había perdido el gato estaba más sola que yo.

No abrí el buzón, ¿para qué? Subí la escalera y cuando iba a meter la llave en la cerradura oí voces. Venían de mi casa. Pensé que mi padre habría sufrido un accidente y que había un médico con él, tal vez un empleado de la funeraria, creí que Dios me castigaba por haberme quejado a pesar de tener un padre tan bueno y que me quería tanto. Abrí la puerta mientras el corazón se me salía por la boca...

Allí estaba ella, mi padre la había invitado a casa. Y el colmo del ridículo era que vestía un chándal verde y violeta, a la moda del año pasado. Era una mujer alta, un poco corpulenta, de aspecto sano, que me sonreía. Como si estuviese en su casa y me dijese «¡Bienvenido, Adrián!».

Mi padre se miraba la punta de los zapatos. Estaba claro que Beatriz no había recibido su carta de ruptura. Seguro que María la había telefoneado

después de haberme visitado por la mañana y le había dicho que tomase la iniciativa, que no se echase atrás... Y Beatriz había venido a enfrentarse cara a cara con el aguafiestas, con el obstáculo, es decir, conmigo.

—Verás, Adrián —dijo mi padre—, hace tiempo que quería hablar contigo, pero esta historia del anuncio clasificado, verás...

—Lo hice sin pensar —le corté—. Lo siento mucho.

—¿Por qué lo vas a sentir? —preguntó Beatriz.

—Bueno... por el asunto del apartamentito en los Pirineos... Sólo pueden dormir dos... Es cierto que hay cuatro camas, pero sólo una habitación —añadí en medio de un silencio embarazoso.

Beatriz me indicó que me sentase en el sofá a su lado. Realmente creía que estaba en su casa. Mi padre estaba preparando dos vasos de un aperitivo oscuro y con la consistencia de un jarabe. Siempre había visto allí la botella, pero nunca a nadie bebiendo de ella delante de mí. Ojalá el líquido se hubiese puesto rancio y fuese intragable.

—Lo que hiciste nacía de una buena intención

—me dijo («¿en qué me estoy metiendo?», pensé yo)—. Pero aún eres muy joven y tienes poca experiencia para jugar a ser mediador.

Esto último lo dijo con una tranquilidad calculada. No me regañaba, sólo me informaba.

—¿Y María? —repliqué—. ¿Tendrá una buena comisión por haberlo organizado todo?

—María es mi mejor amiga —murmuró Beatriz.

Como si eso lo explicara todo.

—Me habló de un chico cuyos padres estaban divorciados y que no quería pasar el mes de agosto a solas con su padre. Ella estaba conmovida porque había vivido una situación parecida en su juventud.

—¡Me interesa un pepino su vida!

—Adrián, haz el favor de ser educado —dijo mi padre.

¡Era todo lo que se le ocurría decir! Deseaba estar a solas con él para explicarle esa historia del divorcio y del derecho de visitas. En realidad no había mentido, todo había sido un delirio de María y yo no me había atrevido a contradecirla. Lo más normal eran los hijos de los divorciados. Eran más raros los huérfanos. Era más cómodo quedarme sin hacer nada.

Él ni siquiera me miró, se bebió el vaso de un trago y le dijo a Beatriz:

—Dejémoslo aquí, ¿de acuerdo?

—Os llamaré mañana —respondió ella.

Salió del apartamento. Su chándal de nailon arrugado le hacía un trasero enorme.

Mi padre volvió a tapar la botella, la puso en su sitio y me dijo:

—De ahora en adelante, Adrián, no te metas en mis cosas, ¿vale?

Y el asunto quedó así hasta nuestra salida de vacaciones.

En las montañas, la cara de mi padre cambió como de la noche al día. Lo que más le preocupaba era que yo me aburriese y no se cansaba de proponerme actividades como clases de tenis, kayak, esquí sobre hierba... Quería que frecuentase a los jóvenes de mi edad. Pero yo sabía que todo eso era demasiado caro para nosotros y le hice comprender que a los de mi edad los veía nueve meses al año en el colegio.

Un día, después de haber subido una montaña, me habló de mamá. Me dijo que a ella le gustaban mucho los picos altos porque así podías ver todo el paisaje a su alrededor, por la sensación de amplitud y de dominio, y por la satisfacción de haber llegado hasta arriba... También supe que antes de que yo naciera mis padres habían hecho muchas marchas por la montaña. Me costaba trabajo imaginar a mi madre en pie, con pantalones cortos y botas de montaña, la piel bronceada, bebiendo agua de la cantimplora, o sea, en actitudes normales. Y luego, sin más, mi padre me dijo que todo lo ocurrido había sido culpa suya. Yo creía que más bien había sido mía.

Durante varios años, me contó mi padre, no habían conseguido llevar adelante un embarazo. Cuando mi madre se quedó encinta otra vez, los médicos le advirtieron de que era peligroso. Podía ser que todo saliese bien, pero también corría el riesgo de que yo muriese en su vientre (como los otros bebés que había perdido), o incluso que ella perdiese la salud. Mis padres decidieron correr el riesgo.

—Tú no eres el responsable porque ella estaba de acuerdo —le dije.

Sin embargo, mi padre se reprochaba no haberla obligado a interrumpir el embarazo. A lo largo de la vida uno siempre se reprocha algo. Yo me reprochaba estar vivo.

A la vuelta nos cruzamos con una pareja, los dos vestidos con chándals amarillo y violeta. Detrás de ellos iba dando saltos un perrito.

—No sé cómo pude hacer algo así —dije entre dientes.

—¿Te refieres al anuncio en el periódico? Menos mal que María decidió no insertarlo... (Sonrió.) Las mujeres que responden a este tipo de proposiciones deben de estar completamente chifladas.

«O quizá sean muy desgraciadas», pensé. Yo no quería una mujer muy desgraciada para mi padre. La verdad es que no quería ninguna mujer.

—¿Quieres mucho a Beatriz? —me atreví a preguntar.

Él hizo un gesto raro. Para mí, María era más atractiva, incluso aunque fuera una mentirosa. A Beatriz le faltaba amor propio. ¡Mira que echarse en brazos de un desconocido que le había encontrado su amiga! En el colegio, las chicas y los chicos pasan el tiempo intercambiándose a los amigos. Eso me parece fatal. Para mí, el amor es un encuentro espontáneo, no el resultado de un trato.

¿Y el anuncio? Lo que pasa es que yo no buscaba el amor para mi padre, sino un poco de compañía. Trataba de animarlo para que se le alegrasen las comisuras de los labios y de los ojos, como a los padres de mis compañeros.

—En realidad, esto del estudio no es ningún problema —dije—. Beatriz podría alquilar otro: más de la mitad de la estación está vacía...

Mi padre me lanzó una mirada de asombro.

—Todavía puede hacerlo —insistí.

—Tenía la impresión de que Beatriz no te había gustado —murmuró mi padre, contrariado.

La echaba de menos y se había sacrificado por mí. Quise mostrarme generoso. El primer paso lo había dado él al hablarme en lo alto de la montaña.

—Siempre que las condiciones las pongamos nosotros... —dije prudentemente.

La verdad es que yo tenía miedo de que Beatriz nos echase el gancho a mi padre, a mí, a nuestra existencia. Me había dado cuenta perfectamente de que ella no quería ser solamente una mujer para el verano, sino para siempre. Era de las que les gusta la vida en familia.

Mi padre me dijo que ella trabajaba en una revista para niños, donde creaba juegos mediante recortes. También hacía manualidades, era una artista, tal como me había dado a entender María. Le costaba recuperarse de su divorcio y tenía miedo de que sus hijas se lo reprochasen más adelante.

Decididamente, pensaba yo, en esta vida todo el mundo se siente culpable de algo.

—¿Y qué hace ella este verano?

—Tenía la idea de inscribirse en un taller de escultura aprovechando que las niñas están con su padre. Así que, gracias por tu proposición, Adrián, pero me temo que llega un poco tarde.

Como yo no tenía el número de Beatriz (ni ganas de hablar con ella), telefoneé a María. Pensé que se habría ido de vacaciones y que podría dejarle un mensaje en el contestador. Me chiflan los contestadores porque se pueden hacer las preguntas y dar las respuestas a la vez.

María estaba en su casa.

—¿De verdad eres tú, Adrián? —balbució, tan asombrada de oírme que me daba corte tener que hablarle.

—Sí.

—¿Ya no estás enfadado?

—Quería pedirte que llamases a Beatriz. Aquí, la mitad de los apartamentos están sin ocupar y las agencias hacen descuentos...

María me respondió que, decididamente, nunca dejaría de sorprenderla.

—Yo tendría que estar en Capri —me informó—. Pero mi vuelo chárter ha sido anulado y estoy esperando el próximo. ¡Tienes una suerte loca de haberme encontrado! Piensa que de no haber sido así, ¿cómo hubieras podido ponerte en contacto con Beatriz?

—Supongo que debes de tener un busca, ¿no? Es para saber si tu amiga ha llamado...

Bingo. Me confirmó que sí. Yo estaba casi seguro, porque es un invento especial para las mujeres solteras.

Me hubiera gustado saber algo más de su pareja, porque seguro que la tenía, sin embargo me preguntó qué tal iban mis vacaciones. Le respondí que hacía músculos y que se me pelaba la nariz.

Como de costumbre, la montaña le sentaba bien a mi padre. Trataba con los de la librería de la reimpresión del plano de los senderos, me invitaba limonada en las terrazas de los cafés... Nunca hablaba mucho, pero a veces se olvidaba y hasta hablaba por hablar, como hace la gente corriente: protestaba por las nuevas pistas de esquí que estropeaban el bosque, me dibujaba un oso hormiguero o una ardilla, se interesaba por las acequias y otros conductos por los que corría el agua del deshielo, daba los buenos días a los paseantes que nos cruzábamos por el camino. Siempre era seco y estaba serio, pero como si fuera un montañés cerrado, no como un maquetador desilusionado.

Dormíamos en dos literas superpuestas, y como yo ocupaba la de encima, todos los días era un calvario hacer la cama. Había un sofá que se podía convertir en cama doble, pero mi padre creía que lo más sencillo era ocupar el «rincón de los niños». En invierno, los estudios estaban habitados por cuatro personas como mínimo; yo me preguntaba cómo se las arreglaban para vivir así, unos encima de otros.

Una mañana, mientras trataba de poner orden en mi perchero —mi padre quería que todo quedase arreglado cuando nos íbamos de paseo—, llamaron a la puerta.

De pronto me encontré con María y Beatriz, con el rostro un poco fatigado por el viaje en el tren nocturno, que me sonreían.

¡Habían decidido venir juntas! De repente, la habitación se llenó con su parloteo. Las hijas de Beatriz seguían con su padre y sus abuelos paternos. María soñaba desde hacía mucho tiempo con conocer las montañas en verano. ¡Se habían decidido en un par de minutos, habían reservado un apartamento, billetes de tren y un taxi!

En general, a mí no me gustan las sorpresas, pero me sentí feliz por tener a María para mí solo, mientras que Beatriz pescaría a papá. Ya se habían instalado en un estudio idéntico al nuestro que quisieron que visitásemos a toda costa.

María y Beatriz se quedaron quince días, y fueron las mejores vacaciones de mi vida. Compartiendo los gastos se podía hacer de todo. Pudimos alquilar un coche para cruzar la frontera. Yo no había salido nunca de mi país y me pareció muy interesante oír hablar una lengua extranjera en las calles, en las tiendas, en los restaurantes. No sé por qué, tal vez porque no entendía nada y eso hacía que no tuviese que responder, que comprometerme... Quizá porque eso normalizaba el silencio de mi padre y el mío, porque lo hacía menos pesado, con todas esas vidas a nuestro alrededor que, por su exotismo, no nos molestaban, no nos amenazaban. Lo que más me fascinaba eran los niños pequeños, que conocían perfectamente una lengua que a mí me costaría años aprender y que nunca llegaría a dominar como ellos.

Paseábamos los cuatro juntos, algunas veces alquilábamos una pista de tenis, jugábamos a fútbol sala, y como cada adulto quería invitar a los demás, bebíamos enormes cantidades de limonada... Me divertía mucho ver a mi padre escoltado por dos mujeres encantadoras después de haberlo conocido siempre solo. Rejuvenecía, se volvía socarrón, me permitía descubrir un hombre distinto.

De todos modos, por las tardes se volvía taciturno, cerrado, seco. María y Beatriz se daban cuenta de que era el momento de despedirse y dejarnos solos para una partida de ajedrez. Un hombre acostumbrado al silencio, que ama la montaña precisamente por su silencio, no puede transformarse de golpe en miembro de un club de vacaciones.

Cenábamos los dos solos, era como la calma después de la tempestad. Una tarde, sorprendí a mi padre en la tarea de masajearse las mejillas y la mandíbula.

—Me duelen los músculos de tanta charla —me dijo, medio en broma medio en serio.

Le sonreí con complicidad. Una mujer no está mal, pero dos mujeres ¡causan estragos! No paraban ni un instante. Cuando mi padre y yo nos cansábamos de contestar a sus cotilleos, discutían la una con la otra, se reían, masticaban frutos secos o arándanos cogidos al pasar, como si su boca no pudiera dejar de funcionar en ningún momento.

Por una parte, esa vitalidad me alegraba, pero el parloteo continuo me atontaba. Me preguntaba si el silencio que yo había conocido era normal en todos los hombres o sólo en mi padre; si todas las mujeres desplazaban tanto aire como Beatriz y, en menor medida, María; si me gustaba el ruido; si soportaría a las hijas de Beatriz...

Estaba claro que Beatriz se esforzaba por gustar. Mientras que María estaba tan natural con sus vaqueros y su camiseta, al estilo «aceptadme como soy», Beatriz cambiaba de ropa todos los días, se maquillaba y perfumaba cuando salía por la noche...

Mi padre me preguntó si no me molestaba quedarme solo después de la cena. Yo sabía que iba al bar con Beatriz. Era el punto de encuentro nocturno de la estación. Me preguntaba qué haría María en ese tiempo.

Una vez, llamé a la puerta de su estudio. Pasaba un circo por el pueblo y quería que María me acompañase a la función. Ya sé que es algo infantil que a uno le guste el circo, pero lo que me gusta de verdad es ver la cara de los niños sentados en la primera fila, con los ojos abiertos de par en par, sus aplausos, su terror ante los animales o los payasos malos... Para mí, el espectáculo está en las gradas.

Nadie me respondió. También María había salido, y me dio mucha rabia. Yo lo había arreglado todo para que mi padre pasase unas buenas vacaciones y ahora me tocaba ir al circo solo. Me compré una gran nube de algodón de azúcar rosa enrollada en un palito y miré por un agujero de la lona del circo. No había nadie, los niños de la primera fila comían sin preocuparse de nada. Me marché a casa.

Hice como que estaba dormido cuando mi padre se acostó, con mil precauciones, en la litera de abajo.

Al día siguiente salimos hacia la conquista del glaciar. Beatriz nos había preparado una gran comida campestre, con ensalada, pollo frío y cosas así. María me cogió de la cintura durante la mitad del recorrido y volví a sentirme bien.

Claro que seguía un poco inquieto por el futuro. Nadie hablaba de volver a la vida real, pero a mí me daba mucho miedo la gran Beatriz, con sus botes de plástico y su mayonesa. Era el tipo de mujer que cree que cuanto más te haga comer más la querrás.

—¿Por qué le has pedido que viniera si te pone en tensión? —me preguntó mi padre esa tarde, cuando yo empecé a burlarme de su forma de atiborrarnos.

—Justamente, para comprobarlo —murmuré.

¡Como si yo conociera a cien compañeras posibles! ¡Había cogido lo que tenía a mano! Y no lo sentía, porque hasta ese momento nunca había pasado unas vacaciones en las que uno se riera tanto, lo que me encantaba, a pesar del dolor de músculos.

Cuando María y Beatriz acabaron sus vacaciones, nos regalaron dos chándals idénticos, de color azul marino, «que hacían juego con el cielo», según dijeron ellas. Las chaquetas tenían números en la espalda, como las de los futbolistas, y el escudo de la estación de esquí a la altura del corazón. Bastante ridículas, pero nos las pusimos para darles el gusto.

En los pocos días que nos quedaban, mi padre y yo renovamos nuestras provisiones de silencio. Cuanto más se acercaba el día de la partida, más recuperaba la cara de mi padre sus tonos invernales, a pesar del bronceado.

Beatriz nos invitó a cenar antes de que empezaran las clases del nuevo curso. Esperaba ver a María, pero sólo estaban las hijas de Beatriz, que nos mostraron las fotos que habían hecho. Para hacerse notar, la mayor de las dos nos enseñó su álbum personal, que estaba lleno de fotos desencuadradas y desenfocadas, muy poco interesantes. Me pregunto por qué regalan cámaras fotográficas a los niños que no saben utilizarlas.

En casa de Beatriz todo era exagerado. Los cuadros en las paredes, los adornos en los estantes, los tapetes, las flores en los floreros, la variedad de aperitivos y las bebidas alcohólicas.

Seguro que en su vida anterior no le faltaba de nada. Yo me sentía asfixiado, y creo que mi padre también.

Nosotros habíamos vivido siempre sólo con lo necesario. Y no únicamente por falta de medios económicos, sino porque no nos gustaban las cosas inútiles, las prendas repetidas, las soperas o los tapetes de ganchillo... Rechazábamos el amontonamiento. Cuando un objeto no servía lo tirábamos. Después de la muerte de mamá, mi padre había regalado todas sus cosas a una asociación de beneficencia. Si tuviéramos que mudarnos de casa nos bastaría una camioneta para cargar todos los muebles. Además, todo lo que teníamos era desmontable y funcional; claro que nunca nos habíamos cambiado de casa.

Cuando vivía mi madre era diferente, porque ella pasaba los días en su habitación y necesitaba contemplar cosas bonitas. Recuerdo un tocador lleno de productos de belleza y de medicamentos. Mi padre se deshizo de él, y no por desprenderse del recuerdo de mamá, porque la tiene grabada en la memoria. Lo que pasa es que mi padre no les da mucha importancia a los objetos.

Las mujeres, en cambio, disfrutan con la posesión de las cosas, aunque a mí me parece una especie de glotonería. Para ellas, comprar, comer, significa acaparar; la vida es como un granero que hay que llenar todos los días.

—No quiero vivir con ellas —le dije a mi padre cuando abandonamos la casa de Beatriz y de sus hijas.

—Yo tampoco —respondió él—. Me falta el aire.

Me sentí bien. Con seis palabritas, mi padre me había dado una gran seguridad, ya éramos cómplices solidarios. No había nacido aún la mujer que nos enredase.

Me puso muy contento coincidir con Bruno en la misma clase. Los dos nos apuntamos al fútbol. Mi chándal azul le pareció muy chulo; yo lo seguía encontrando horroroso, pero como había crecido bastante, el del año pasado ya no me servía.

Los profesores han arrancado a media marcha. He comprobado que todos los años comienzan a apretar el acelerador antes de Todos los Santos. Ahí empieza una auténtica carrera contra reloj porque saben que en noviembre comienza la época de las faltas por enfermedad, que dura hasta las vacaciones de Semana Santa. Después, el curso está prácticamente terminado. De puente en puente se llega al último claustro, entre finales de mayo y principios de junio, y es una tontería esperar que los alumnos hagan esfuerzos cuando las notas ya no se van a reflejar en el boletín. Esto nos deja dos meses, septiembre y octubre, para dar todo el programa del año.

De modo que me concentré en los deberes y los exámenes, los entrenamientos de fútbol y las salidas al teatro con la clase. Era una situación más bien cómoda pues tenía todo mi tiempo ocupado, y no hay nada que me guste menos que el aburrimiento.

Mi padre, por su parte, también estaba muy ocupado. Se estaba preparando un referéndum y las imprentas no paraban. Una votación, elecciones, eso significa miles y miles de carteles, de octavillas, de papeletas...

Así que los dos vivíamos en nuestro pequeño

mundo, y las cenas eran silenciosas, pero no tenían la tensión de los días anteriores a las vacaciones.

Hasta que un día, mi padre me dijo que había invitado a María a cenar al día siguiente.

—¡¿A María?!

—Sí... Me pregunta siempre por ti... Por tanto me pareció que...

¡María y mi padre se habían vuelto a ver! ¿Cuándo? ¿Por qué yo no sabía nada? ¿Y Beatriz?

La verdad es que me importaba poco la reacción de Beatriz. Era yo el que se sentía traicionado.

—Pensaba que María te caía bien —murmuró mi padre asombrado por mi reacción.

Después me anunció que compraría un pollo asado a la vuelta de la imprenta, con patatitas congeladas para asar, y que comeríamos helado de postre.

—Ya no queda helado —dije enfadado.

—Bueno, haremos torrijas de pan —contestó mi padre sin darle importancia.

¡Torrijas! Era la única golosina que le gustaba a

mi madre... y el único plato que yo sabía preparar desde los seis años. En esa época iba todos los días a la panadería —ahora comemos sólo pan de molde, que compramos en el supermercado, los sábados por la mañana, con el resto de las provisiones— y cuando mi madre no tenía apetito sobraba un poco de pan, que se ponía duro en seguida. Las torrijas eran para mí el olor del azúcar caliente y la canela, pero también la visión del plato de mi madre que volvía casi intacto de su habitación. Mi padre batía los huevos, yo mojaba en el batido las rebanadas ablandadas en leche y luego las echábamos a la sartén, y mi madre, con una voz que quería ser alegre, decía: «¡Qué bien huele eso! ¡Me comería una!». Nosotros entrábamos en la habitación de mamá con un plato rebosante de torrijas y nos las comíamos los tres con los dedos, sentados en la cama, las cabezas casi juntas para no manchar la colcha.

¿Cuánto tiempo había pasado desde la última vez que las había comido?

—Hace falta pan reseco —refunfuñé.

—Tienes razón. Ahora mismo voy a comprar una barra de pan para que esté dura mañana.

Y se fue así, sin más, sin siquiera mirarme, sin preguntarme nada. ¡Nuestras torrijas! ¡No tenía derecho a hacer eso!

Tampoco María tenía derecho a ver a mi padre a escondidas de mí.

Al día siguiente sólo tenía clase hasta las tres de la tarde. Me pasé por la oficina de María, y allí estaba, tan tranquila, como si no hubiera pasado nada, atendiendo a un señor que se quejaba de no haber vendido aún su casa en el campo.

—Eso quiere decir que pide usted demasiado —le decía María.

—Estoy pidiendo lo mismo que me costó hace cinco años, ¡y pierdo dinero!

—Usted sabe muy bien que el mercado ha bajado...

El hombre siguió en sus trece y pagó tres nuevas inserciones del anuncio de venta. Cuando se marchó, María me dijo que no tenía ninguna posibilidad de encontrar comprador. La verdad es que me importaba un pepino.

—¿Entonces nos vemos esta tarde? —preguntó, intrigada por mi silencio.

—¿No te importa nada lanzar a tu amiga a los brazos de mi padre, y luego quedártelo para ti? —salté yo—. ¡Creía que ya tenías pareja!

A María se le borró la sonrisa de la cara.

—¿Estás enfadado por eso, Adrián? Pensaba que éramos buenos amigos...

Yo no dije palabra. La muy traidora.

—Esta situación me resulta muy incómoda con Beatriz —siguió ella—, pero son cosas que no se pueden evitar... Tu padre y yo nos enamoramos este verano, en los Pirineos, ¿quién iba a pensar que...?

—¡¿Este verano?!

—No sabíamos si era algo serio, por eso fuimos discretos...

—¡Sin embargo, él iba al bar con Beatriz!

—No, Adrián, íbamos juntos... Beatriz había hecho amigos por su parte... Ella ha sido siempre tan sociable...

Tragué saliva. ¡Y yo que había creído que a María le gustaba estar conmigo!

—¿Vais... vais a casaros? —conseguí decir.

Ella se rió, un poco incómoda. Entró una señora con el texto de su anuncio. María la recibió y me susurró que todavía era muy pronto para hablar de eso. Salí de allí corriendo.

Me sentía mal, muy mal. No podía pensar en otra cosa que en ese dolor. Di un puñetazo contra una pared, me pisé un pie, me mordí la lengua. Pero el dolor no estaba en la mano, ni en el pie, ni en la lengua. Me dolía en ese punto indefinible, en mí mismo.

Fui a casa de Bruno. Sabía que estaría solo. Se lo conté todo de carrerilla, y al final me eché a llorar. Muerto de vergüenza.

—No te comprendo —me dijo—. Si te gusta esa mujer, y si la otra es gorda y charlatana, ¡tendrías que estar contento de que tu padre la haya elegido a ella!

—¡Pues no! ¡Yo encontré a María, no él! —farfullé.

—Vaya, que estás celoso de tu padre —dijo él—. Si te das cuenta, siempre pasa lo mismo en las parejas de gente mayor...

—¿De qué pareja hablas?

—¡De vosotros dos! ¡Tu padre y tú! Dices que

casi no habláis, pero es por la compenetración que tenéis el uno con el otro. Mis abuelos hacen lo mismo... Yo los llamo «pásame la sal». Es una situación infernal...

No contesté nada. Bruno no había entendido nada, por supuesto. Los chicos de mi edad son tan niños... Al perder a mi madre yo crecí cinco años de golpe. Por eso es inevitable que haya una distancia.

En el rellano de la escalera me encontré con el profesor de gimnasia. Me disculpé con él por no haberle devuelto aún su chándal. Él lo había olvidado por completo.

—¡Quédatelo! —me insistió.

Ni hablar. Y a falta de galletas típicas, le compraría otra cosa. Además, mi padre ya tenía un chándal nuevo, azul marino «a juego con el cielo». Rechiné los dientes.

Andar por la calle me sentó bien. Tenía que impedir como pudiese que María y mi padre se amasen. Entré en una cabina telefónica y llamé a Beatriz. Ella me había dado su número un día, en la montaña, susurrándome que se sentiría muy feliz de que la considerase una especie de madrina... No hay que hacerse ilusiones.

—Mi padre sale con María —le anuncié—. Si lo quieres recuperar, pasa a la acción.

Yo esperaba que gritase, que montase en cólera, que se pusiese histérica. Sin embargo, Beatriz no se indignó. Había visto con toda claridad que mi padre se sentía atraído por María, y que la atracción era mutua.

—El amor es bello —murmuró—. Tienen mucha suerte.

Tampoco ella entendía por qué yo no me alegraba. María era mi amiga, ¿no?

—¡Ya no lo es! —grité.

Colgué el teléfono. Las mujeres no sólo son derrochadoras y charlatanas, sino también sentimentales. Del tipo melodramático llorica. ¡Qué horror!

Llegué a casa después de mi padre. Casi no reconocí el salón. Había comprado flores, un mantel de papel, velas... Las flores se marchitan, el mantel se tira y las velas se derriten. Todo falso, pasajero. ¡Qué mezcla! ¡Mi propio padre! ¡Incluso había preparado un aperitivo, como si fuera un restaurante! Aguacates a la vinagreta... Nosotros no comíamos nunca aperitivo porque es muy complicado, pues hay que levantarse para traer el primer plato, que ya se ha enfriado; o sea que es una cuestión de cronometraje. El único lugar que yo conozco donde se sirve aperitivo por norma es la casa de mis abuelos, pero el resultado es que mi abuela no se sienta jamás a la mesa. Siempre está ocupada cortando la carne, colando la pasta, llevando platos a la cocina, recalentando la salsa, y yo detesto que haya un lugar vacío, porque eso me quita el apetito. Además, tengo la impresión de que mi abuelo me reprocha que no ayude, pero si me levanto mi abuela me manda a la mesa con mal genio y diciéndome que no necesita la ayuda de nadie. Y la situación se hace interminable en esas comidas con muchos platos...

Mi padre y yo preparamos la cena en quince minutos, reloj en mano.

—¿Me ayudas a hacer las torrijas? —me preguntó.

No respondí nada y me fui a mi habitación. Su antigua habitación. ¿Cuándo me echarían de ahí María y él?

María trajo flores y una tarta, con lo que teníamos un exceso de flores y dos postres. Empezaba el amontonamiento. Yo no abrí la boca. Ella admiró la preciosa mesa, sacó un taburete para utilizarlo como mesita auxiliar y mi padre se sorprendió de su espíritu práctico; así nadie tendría que levantarse durante la comida. ¿Y el asado, bobalicón, vendría solo a la mesa humeante y bien trinchado? Está claro; el amor atonta.

Por supuesto, María era la única que hablaba, pero mi padre la escuchaba como no había escuchado nunca a nadie. Sin embargo, lo que decía

ella no tenía mucho interés. Contaba que rompió con su compañero justo antes de las vacaciones. Iban a salir juntos para Capri, pero ella se dio cuenta de que ya no lo amaba, y cosas así, y que patatín y que patatán...

Por lo tanto había mentido con respecto al vuelo chárter cancelado. Las mujeres son mentirosas, charlatanas, derrochadoras y sentimentales.

Papá volvió a llenarle el vaso de vino. María dijo que no debería beber más, que ya había tomado un aperitivo y que el alcohol le hacía decir tonterías.

Y así terminó la cena. Yo volqué a propósito el plato de las torrijas y acabamos comiendo la tarta que había traído María. No sabía a nada, como buen pastel comprado. Ella dijo que no se había atrevido a hacer un postre casero por prudencia. Es cierto que dice cualquier cosa cuando ha bebido. Papá murmuró que comprendía la situación y que había sido muy amable de su parte.

Di las buenas noches y aparté la silla, pero vi a María asustada ante la idea de quedarse sola con mi padre. Quería que le contase todo sobre el colegio, el fútbol, los amigos.

—En mi casa, no se habla de eso —le respondí. Sentí vergüenza porque los labios de María se quedaron blancos de repente. Mi padre me lanzó una mirada asesina. Esa mujer estaba destruyendo nuestra complicidad. Me fui a la cama y les oí hablar en voz baja durante largo tiempo. Me pregunté si tenían pensado lavar los platos.

Cada vez el tiempo era más oscuro y húmedo. Se acercaba el día de Todos los Santos. El primero de noviembre yo iba al cementerio con papá. Desde hacía algunos años me oponía a que comprase crisantemos, esas flores infladas de colores pasados de moda. Elegí rosas blancas por una canción que me hacía llorar cuando era pequeño. Es la historia de un niño que lleva rosas blancas a su madre internada en el hospital, pero cuando llega a la habitación su madre ya está muerta.

Papá me dejó arreglar las flores. Al lado de la nuestra, había una tumba hebrea y una señora dejó sobre ella una piedrecita. Después se quedó en silencio. Mi padre me explicó que los judíos, cuando rezan por sus muertos, ponen una piedra sobre la tumba. Una piedra por cada oración. Me pareció muy bonito porque al menos quedaba algo visible cuando se iban.

De allí nos fuimos a ver a mi abuelo al asilo. El salón en que nos encontrábamos olía a orines. El abuelo no dejaba de refunfuñar, como de costumbre. En los libros para niños, los personajes de edad son siempre dulces y rebosan amor. En la realidad, envejecer lo vuelve a uno antipático. Y es normal que sea así. ¿Cómo puede no ser gruñón un hombre que vive en medio de gente que está gagá, que ve mal, oye mal y sufre con sólo moverse? Durante todo el día no hace más que rumiar sus rencores. Me pregunto si no los escribirá incluso en un papel para estar seguro de no olvidarse de nada cuando venimos a verlo.

Mi padre y yo salimos de allí cabizbajos y con el corazón encogido. Estas visitas nos hacen polvo. Por lo general, mi padre me lleva a comer una pizza para recuperarnos. Esta vez había hecho una reserva en una cervecería, cosa que me sorprendió.

Allí nos esperaba María.

Yo estaba totalmente bloqueado. En el asilo, trato de no ver ni sentir ni oír. Después, tiene que pasar un tiempo antes de que mis sentidos vuelvan a funcionar. Me dejé besar por María sin reaccionar. Ella me encontró con mal aspecto.

—Mi padre es un poco difícil de tratar —informó papá.

María no había ido al cementerio. Nos dijo, mientras tocaba madera por superstición, que no había perdido a ninguno de sus familiares próximos.

—Enterré a mi abuelo hace veinte años, y después nada... —dijo con una especie de incomodidad, como si la buena salud de su familia fuera algo vergonzoso.

—Pues yo pienso todos los días en la muerte —dije—. Todos los días.

Mi padre me miró y María murmuró un «Ya sé», que me fastidió porque no sabía nada. Nunca hay que decir la verdad a los extraños, pues eso les da la oportunidad de saber qué piensa uno.

Cuando terminamos de comer, María propuso que fuésemos a tomar café a su casa. Comprendí que todo había sido premeditado; la cervecería, la invitación... ¡Un día de Todos los Santos! No respetaban nada.

El café ya estaba hecho cuando llegamos a casa de María porque su cafetera se podía programar. Otro aparato más para toda mujer que se precie.

Tengo que decir que me gustó su estudio. Estaba pintado de blanco, con muebles sencillos y bajos, de madera natural, algunas acuarelas sobre las paredes. Nada agobiante.

No pude apartar ni un momento la vista de la gran cama que ocupaba una esquina del salón. Me preguntaba si mi padre y María habrían hecho ya el amor. Ese pensamiento me daba escalofríos, lo sentía como un chorro de agua helada que me corría por la columna vertebral. No era un verdadero dolor, sino más bien una molestia permanente, como si tuviera una caries en la raíz de un diente.

Por primera vez en mucho tiempo, observé atentamente a mi padre. Tengo que reconocer que había cambiado. Seguía siendo desgarbado y taciturno, pero parecía un poco más ágil. De todos modos, nunca había sido robusto. ¿De dónde venía entonces esa impresión? Había erguido un poco la espalda, le colgaban menos los brazos, la cabeza sobresalía más sobre sus hombros.

Seguro que lo había hecho. Los dos lo habían hecho.

—¿Tengo monos en la cara? —me sonrió, consciente de que lo miraba fijamente.

Negué con la cabeza. Estoy convencido de que entendió lo que yo buscaba. Y también de que lo había adivinado todo. Se concentró en su café y María vino a sentarse a mi lado.

—Adrián —dijo—, ¿que te parecería que viviésemos los tres juntos?

—¿Aquí?

Ella se rió. Yo no me atreví a mirar a mi padre, afortunadamente para él. En realidad, para los dos.

—No, aquí no, y tampoco en vuestra casa, desde luego —respondió ella—. Podríamos encontrar un bonito piso con un comedor y dos dormitorios... Si compartimos el alquiler...

—¡Sólo hay que poner un anuncio clasificado! —bromeé.

Mi padre tomó la palabra.

—Adrián, a partir de la enfermedad de tu madre, o sea, desde que naciste, no has tenido una vida normal. En parte es culpa mía porque yo tampoco he vivido, sino más bien sobrevivido. Y tú no tuviste más remedio que hacer lo mismo. María me ha demostrado que aún no es demasiado tarde. Tú tienes doce años, yo cuarenta. Cuando veo a mi padre (sonrió con tristeza), me digo a mí mismo que tengo aún cuarenta años de vida por delante y que no quiero acabar como él. Tampoco quiero para ti una vida de estrecheces, oscura y sin esperanza. No, no digas nada. Te asfixias, y es normal. Además, tu idea de poner un anuncio, aunque era un poco ingenua, tanto yo como María la hemos sentido como una llamada de socorro.

Tenía ganas de llorar. Si se había dado cuenta de todo eso, ¿por qué no había dicho nada? ¿Necesitaba el apoyo de una mujer para tener el valor de hablar con su hijo?

—Cuando te vi llegar con tu hoja de papel —dijo María—, serio, decidido y tan solo, me dio un vuelco el corazón. Algo pasó entre nosotros ese día. ¿Lo recuerdas?

Sí. Hasta me había dicho para mis adentros que ella sería una candidata aceptable. Claro que sólo para las vacaciones.

—En la montaña, éramos amigos, ¿no? —insistió ella, intranquila por mi silencio.

Yo no reaccioné y mi padre volvió a tomar la palabra. Hacía años que no me soltaba discursos tan largos.

—Creo que vale la pena probar, Adrián. En un apartamento nuevo, con sol, flores y todo lo que una mujer aporta a un hogar.

—¡No os importa cambiarme de colegio! —dije.

Y una vez más me escapé dando un portazo.

Sentía ganas de aceptar, de abrazarlos a ambos y de dejar que hiciesen lo que quisieran. Estaba deseando colarme en su felicidad, en su optimismo, pero al mismo tiempo me resistía a hacerlo. María me había traicionado dos veces. La primera, al no insertar mi anuncio; la segunda, por ver a mi padre a mis espaldas. ¿Cómo podía confiar en ella? ¿Y si ambos decidían deshacerse de mí? Yo no era más que un obstáculo para su amor recién nacido. Día tras día, mi padre vería en mí la causa de su larga viudez, de la infelicidad que sufría. No le costaría nada desprenderse de mí.

Sin embargo, me llenaba una especie de alegría que yo quería rechazar con todas mis fuerzas. Imaginaba el nuevo apartamento, pintado de blanco, con muebles de madera clara como los de María, adiós a los congelados, hola a las comidas animadas y a la posibilidad de invitar a Bruno o a otros compañeros... Ya sabía cómo iba a decorar mi habitación, con pósters en las paredes, una lámpara halógena, un escritorio fabricado con un tablero apoyado sobre dos cajoneras, una a cada lado...

La otra mitad de mí protestaba. Yo no tenía derecho a tomarme las cosas a la ligera, con despreocupación, como los demás chicos de mi edad. Mi madre había muerto para que yo viviera. ¿Podía ahora dar la espalda al papel pintado de las paredes, ya viejo, y a la lámpara de araña dorada? También tenía miedo de la reacción de mis abuelos maternos, por más que no me hayan querido nunca y que yo tampoco los haya querido mucho a ellos.

Mi padre había preferido el olvido. Pretendía estar actuando por mi bien, pero el amor lo vuelve a uno ciego y egoísta. Lo sabe todo el mundo. En las películas de amor no hay niños, y no es algo casual.

Me crucé con una pareja que llevaba a una niña de mi edad y a un bebé en un cochecito. Sentí un nuevo golpe en el pecho. Quizá María quisiera hijos propios, que llorarían por las noches y revolverían mi habitación. A menos que se la diesen directamente a ellos y me instalasen a mí en un sofá del salón, como el que tiene papá en nuestro apartamento.

Sin darme cuenta, había echado a correr. Llegué casi sin respiración ante la casa de María. Estaba lleno de rabia y con el corazón a punto de explotar. Ellos habían tomado ya una decisión y querían formar una nueva familia, incluso borrar el recuerdo de la mía. ¡Iba a decirles que no, que no quería! Pulsé el botón del portero automático. ¿Y si estaban haciendo el amor en ese momento?

Sentí que me ardía la cara. Me respondió la voz de María, un poco ronca.

—¿Quién es?

—¡Adrián! —respondí.

La puerta se abrió y no tuve paciencia para esperar el ascensor, sino que subí los escalones de cuatro en cuatro.

María parecía haber llorado. Tenía la nariz roja y los ojos húmedos. Me quedé helado. La cama no estaba deshecha.

—¿Has reflexionado ya? —preguntó mi padre con una voz que sonó como de plegaria.

Los miré a los dos y comprendí que yo tenía la llave de su esperanza. Una esperanza que hacía balbucear a mi padre, llorar a mi amiga, a mi primera amiga. Se les veía totalmente perdidos, vulnerables. No querían herirme, y la idea de que yo rechazase el amor que me querían dar los aterrorizaba. También tenían miedo de dejar pasar una ocasión que ya no se volvería a presentar, sobre todo para mi padre. Él cumpliría con su deber de educarme hasta las últimas consecuencias y se convertiría en un hombre amargado como su padre. No se atrevían a moverse ni a tocarse. Me miraban, cansados, dispuestos a renunciar, vencidos por adelantado.

En ese momento yo era el adulto y ellos esperaban mi decisión, mi veredicto.

—¿Tenéis pensado tener hijos? —pregunté.

Se miraron sorprendidos, incrédulos.

—¿Significa eso que estás de acuerdo? ¿Te parece bien que vivamos juntos? —murmuró María.

—¿No me echaréis de vuestro lado si tenéis hijos? ¿Nunca?

María dio un paso hacia mí, con los brazos abiertos. Las lágrimas corrían de nuevo por sus mejillas. Mi padre fue más rápido y me alzó en brazos apretándome fuertemente contra él. Los míos me dolían un poco, justamente en el lugar donde él los aferraba con sus manos, pero no me disgustaba en absoluto.

—¿Cómo puedes dudarlo? —murmuró.

Me dejó en el suelo y María también me abrazó y besó. Me sentía mareado. Pero también como si me quitasen un gran peso de encima.

En la mesita baja había una libreta y un lápiz. Me arrodillé para estar a la misma altura y empecé a escribir.

—¿Qué haces? —preguntó María.

—¡Estoy redactando el anuncio para el apartamento! Escuchad: «Pareja con referencias inmejorables busca para alquilar apartamento de tres dormitorios y salón comedor, con todas las comodidades, soleado y con alquiler razonable».

—¿Tres dormitorios y salón comedor? —se asombró mi padre.

—¿Y dónde quieres meter al bebé? ¿En mi habitación? —respondí mientras entregaba la hoja a María—. ¡Y cuidado! ¡Si éste no lo insertas en tu periódico, atente a las consecuencias!

Brigitte Peskine (Neuilly-sur-Seine, 1951). Escribió su primer diario a los siete años y, desde entonces, no ha parado de escribir y narrar sus experiencias en Francia y América del Sur. Ha publicado muchas novelas para jóvenes y ha recibido numerosos premios. Con *Un anuncio para papá* recibió los Premios Pot d'Billes y Versele, en Francia.

Si te ha gustado el libro, no te pierdas

Intercambio con un inglés

Alicia, Cecilia y sus demonios

Camaleón, serie azul
A partir de 12 años

Un anuncio para papá
Brigitte Peskine

El silencio del asesino
Concha López Narváez

El misterio de la isla de Tökland
Joan Manuel Gisbert

Alicia, Cecilia y sus demonios
María Paz Salido Amoroto

Intercambio con un inglés
Christine Nöstlinger

El crimen de la Hipotenusa
Emili Teixidor

El bosque de piedra
Fernando Alonso

Los hilos cortados
Montserrat del Amo

Filo entra en acción
Christine Nöstlinger

Los girshas y la invisible isla de Alcira
Mar Cole

Sin tregua
Carlos Romeu

Leyendas del planeta Thámyris
Joan Manuel Gisbert